1000 AFIRMACIONES PARA MANIFESTAR

Afirmaciones Poderosas para Manifestar Abundancia, Amor, Salud y todo lo que quieras.

Efra Galeano

Créditos

© Derechos de autor 2024
Todos los derechos reservados.

Este documento está orientado a proporcionar información exacta y confiable respecto al tema en cuestión. La publicación es vendida con la idea de que el editor no está obligado a prestar servicios calificados, oficialmente permitidos o rendir cuentas de otra manera. Si algún asesoramiento es necesario, ya sea legal o profesional, debe ser ordenado a una persona con experiencia en la profesión.

De una Declaración de Principios la cual fue aceptada y aprobada igualmente por un Comité del Colegio de Abogados de los Estados Unidos y por un Comité de Editores y Asociaciones. De ninguna manera es legal reproducir, duplicar, o transmitir cualquier parte de este documento, ya sea por medios electrónicos

TABLA DE CONTENIDO

Manifestación..01

Manifestar Abundancia................07

Atraer el amor Verdadero.................17

Relaciones personales.......................21

Salud y Bienestar.................................25

Bienestar físico.....................................29

Energía y vitalidad..............................33

Éxito Profesional..................................37

Avanzar en tu carrera........................41

Oportunidades laborales.................45

Paz y Equilibrio Interior......................49

Paz mental y emocional...................53

Estrés y la ansiedad............................57

Sueños y Metas.....................................61

Sueños más grandes.........................65

YO SOY..69

AFIRMACIONES YO SOY............................71
Manifestar salud...87

Casa de tus sueños..95

Viajes de tus sueños...................................101

Amor en nuestra vida................................107

GRATITUD AL UNIVERSO........................113

AFIRMA Y RECORTA...................................122

INTRODUCCIÓN

¿Te has preguntado alguna vez cómo algunas personas parecen atraer todo lo que desean mientras otras luchan constantemente para alcanzar sus metas? La diferencia no radica en la suerte, sino en algo mucho más profundo: la capacidad de manifestar intenciones de manera consciente y alineada con el universo.

La manifestación no es un concepto nuevo, ha estado presente en diversas culturas y filosofías a lo largo de la historia. Desde antiguos textos espirituales hasta las enseñanzas más modernas sobre la Ley de la Atracción, el poder de crear tu realidad ha sido un tema recurrente. Pero ¿qué es exactamente manifestar? Es mucho más que simplemente pensar en lo que deseas; se trata de conectar tus pensamientos, emociones y acciones para alinear tu vida con tus deseos más profundos.

En este libro, no solo exploraremos los fundamentos teóricos de la manifestación, sino que te brindaremos herramientas prácticas, ejercicios y estrategias para que puedas aplicar este conocimiento en tu vida diaria. Verás cómo, al cambiar tu mentalidad y enfocarte en tus verdaderos deseos, puedes transformar tu realidad de manera consciente y efectiva.

Tanto si eres nuevo en el mundo de la manifestación como si ya has experimentado sus principios en tu vida, este libro te guiará paso a paso a través de un proceso probado para alcanzar tus metas y vivir la vida que realmente deseas.

Prepárate para descubrir el poder de tus pensamientos, emociones y creencias. Estás a punto de embarcarte en un viaje transformador que te permitirá no solo soñar, sino también crear una vida llena de propósito, abundancia y satisfacción.

CUMPLE TUS SUEÑOS

MANIFESTACIÓN

La manifestación es el proceso mediante el cual las personas atraen a sus vidas lo que desean, utilizando el poder de sus pensamientos, creencias y emociones. Se basa en la idea de que nuestros pensamientos tienen una vibración energética que puede influir en la realidad. Según esta perspectiva, al enfocarse en lo que uno quiere, en lugar de lo que no quiere, se pueden atraer situaciones, oportunidades y experiencias alineadas con esos deseos.

La manifestación no se trata solo de desear algo pasivamente, sino de combinar ese deseo con una mentalidad positiva y acciones coherentes. Es un acto consciente de crear la vida que uno quiere, creyendo firmemente en la posibilidad de que eso ocurra. Implica alinear pensamientos y emociones con lo que se quiere lograr, sintiendo que ya es parte de la realidad. Esta filosofía está profundamente conectada con la Ley de Atracción, la cual sostiene que "lo similar atrae lo similar", es decir, que las personas atraen hacia sí mismas aquello en lo que se enfocan.

Además, la manifestación suele incluir prácticas como la visualización, la afirmación de metas y el cultivo de una actitud de gratitud, todo con el propósito de aumentar la vibración personal y sintonizarse con la abundancia y las oportunidades que el universo ofrece. de establecer intenciones claras y tomar decisiones concretas hacia esos objetivos.

EL PODER DE LAS PALABRAS Y LAS AFIRMACIONES

El poder de las palabras y las afirmaciones radica en su capacidad de influir directamente en nuestros pensamientos, emociones y, en última instancia, en nuestra realidad. Las palabras que usamos, tanto en conversaciones con otros como en nuestro diálogo interno, tienen una energía que puede moldear la manera en que percibimos el mundo y cómo nos sentimos respecto a nuestras propias capacidades.

Las afirmaciones son declaraciones positivas que se repiten de manera consciente para reprogramar la mente y fomentar creencias que apoyen nuestros deseos y objetivos. Al pronunciar afirmaciones como "Soy capaz", "Merezco el éxito" o "Atraigo abundancia a mi vida", no solo estamos expresando palabras, sino que también estamos dirigiendo nuestra mente hacia una vibración positiva que refuerza la confianza en nosotros mismos. Con el tiempo, estas afirmaciones pueden cambiar patrones de pensamiento negativos y autolimitantes, reemplazándolos por una mentalidad más abierta y optimista.

El poder de las afirmaciones reside en la repetición y en la convicción emocional que les damos. Cuando repetimos una afirmación con fe y emoción, la mente subconsciente empieza a aceptarla como verdad. Esto no solo mejora el estado mental, sino que también influye en nuestras acciones, ya que comenzamos a tomar decisiones alineadas con esas creencias positivas. Las palabras también afectan cómo interactuamos con los demás. El lenguaje que usamos puede construir o destruir, animar o desmotivar. Decir palabras de gratitud, aprecio o aliento no solo mejora nuestras relaciones, sino que también crea un ambiente de positividad y bienestar a nuestro alrededor. Por otro lado, el uso de palabras negativas puede drenar energía y perpetuar situaciones indeseadas.

CÓMO USAR LAS AFIRMACIONES PARA MANIFESTAR EN TU VIDA DIARIA

Usar frases para manifestar en tu vida diaria es una práctica poderosa que puede ayudarte a atraer lo que deseas al enfocarte en tus intenciones de manera consciente. Para que esta práctica sea efectiva, es importante usar las frases con propósito, regularidad y convicción. Aquí te explico cómo puedes integrar estas frases en tu rutina diaria:

Primero, elige frases de manifestación que sean claras y estén alineadas con tus deseos más profundos. Estas frases deben ser positivas y afirmativas, expresando lo que quieres atraer como si ya estuviera ocurriendo. Por ejemplo, si buscas atraer más abundancia a tu vida, una frase como "Estoy abierto a recibir abundancia en todas sus formas" puede ser adecuada. Es clave formular las frases en tiempo presente, como si ya lo estuvieras viviendo, ya que esto envía una señal al universo de que ya estás en sintonía con aquello que deseas.

Una vez que tengas tus frases, repítelas diariamente. Puedes hacerlo al despertar, antes de dormir o en cualquier momento en el que necesites un recordatorio de tus intenciones. La constancia es fundamental para que las frases se impregnen en tu mente subconsciente. Decirlas frente al espejo, mientras te cepillas los dientes o durante un momento de quietud puede ayudarte a interiorizarlas de manera más efectiva.

Además, es importante no solo repetir las frases, sino también sentirlas. Imagina que lo que estás afirmando ya está presente en tu vida y deja que esas emociones te llenen. La combinación de palabras y emoción es lo que activa el proceso de manifestación. Si afirmas con entusiasmo y gratitud, tu vibración se eleva, y estarás más en sintonía con lo que deseas atraer.

Otra forma de usar las frases para manifestar es escribirlas. Mantén un diario de manifestación donde puedas anotar tus afirmaciones cada día. La escritura ayuda a anclar tus intenciones, y al revisarlas regularmente, refuerzas tu enfoque. También puedes colocar tus frases en lugares visibles, como en notas adhesivas en el espejo o la computadora, para que siempre estén presentes y te recuerden tu poder de manifestar.

Finalmente, complementa el uso de las frases con acciones alineadas. Manifestar no significa solo pensar y esperar, sino también tomar decisiones y pasos que te acerquen a tus metas.

PALABRAS NEGATIVAS PROHIBIDAS EN LA MANIFESTACIÓN

A la hora de manifestar, es importante evitar palabras negativas o que sugieran limitación, carencia o duda. Aquí tienes una lista de palabras negativas que las personas no deberían utilizar al manifestar:

No puedo – Esta frase crea una barrera mental hacia la manifestación.

Difícil – Implica que lo que deseas es complicado de alcanzar.

Nunca – Establece una limitación definitiva en tu vida.

Imposible – Bloquea la creencia de que tus deseos se pueden hacer realidad.

Miedo – Atrae vibraciones negativas y puede bloquear la manifestación.

Ojalá – Implica duda y falta de certeza en la manifestación.

Problema – Enfoca tu energía en lo negativo en lugar de en la solución.

Escasez – Refuerza la falta de algo, atrayendo más carencia.

Pobre – Crea una mentalidad de carencia que limita la abundancia.

Difícilmente – Sugiere que lo que deseas es poco probable que suceda.

Fracaso – Se enfoca en el miedo a no tener éxito, en lugar de en los resultados deseados.

Perder – Atrae la energía de la pérdida y la falta de control.

No merezco – Refuerza la creencia de que no eres digno de recibir lo que deseas.

Nunca puedo – Refuerza una narrativa de incapacidad constante.

Improbable – Invalida la posibilidad de que tus deseos se hagan realidad.

En su lugar, se recomienda usar palabras positivas, como "puedo", "merezco", "abundancia", "facilidad" y "seguro", que refuercen una mentalidad de posibilidad, abundancia y confianza en el proceso de manifestación.

AFIRMACIONES PARA MANIFESTAR ABUNDANCIA

"El dinero y yo tenemos buena relación."

"La abundancia fluye libremente hacia mi vida en todas las áreas."

"Permito que la energía de la abundancia me rodee y transforme mi realidad."

"El dinero viene a mí fácilmente, de forma continua y en grandes cantidades."

"Mi relación con el dinero es positiva y está llena de gratitud"

"El universo siempre provee más de lo que necesito."

"Estoy conectado/a con la fuente infinita de abundancia."

"Cada día atraigo más y más prosperidad a mi vida."

"Mi mentalidad de crecimiento atrae riqueza y oportunidades ilimitadas."

"Merezco vivir una vida llena de abundancia, amor y felicidad."

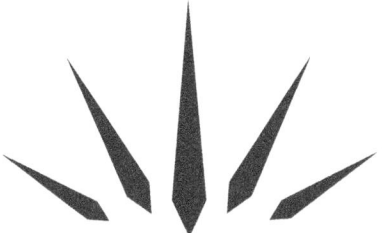

"Estoy en sintonía con el flujo de energía positiva del universo."

"Estoy agradecido/a por toda la abundancia que tengo y por todo lo que está por venir."

"Mi gratitud multiplica todo lo bueno que tengo."

"El éxito y la riqueza forman parte natural de mi vida."

"Me muevo con confianza hacia mis metas, sabiendo que el éxito está garantizado."

"Mis pensamientos y creencias positivas crean abundancia en mi vida."

"Cada pensamiento positivo que tengo atrae más prosperidad a mi realidad."

Afirmaciones para Atraer el amor Verdadero

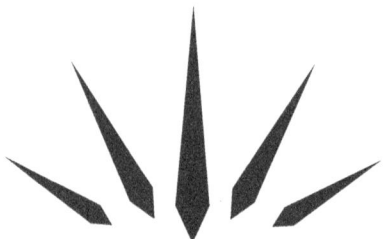

"Estoy listo/a para recibir el amor verdadero que merezco."

"El amor auténtico me encuentra en el momento perfecto y de la mejor manera."

"Atraigo a una pareja que me ama, respeta y valora por quien soy."

"Mi corazón está lleno de amor, y estoy preparado/a para compartirlo con alguien especial."

"Atraigo a una pareja que me ama, respeta y valora por quien soy."

Afirmaciones para Mejorar relaciones personales

"Mis amistades están llenas de abundancia."

"Me comunico de manera clara, abierta y con amor en todas mis relaciones."

"Atraigo relaciones saludables y armoniosas que me nutren y enriquecen."

"Libero el pasado y elijo construir relaciones basadas en el respeto y la comprensión."

"*Merezco relaciones llenas de amor, confianza y reciprocidad.*"

Afirmaciones para Manifestar Salud y Bienestar

"Elijo nutrir mi cuerpo y mi mente con hábitos saludables cada día."

"Atraigo energía positiva y bienestar en todas las áreas de mi vida."

"Estoy en perfecta sintonía con la salud y el equilibrio en mente, cuerpo y espíritu."

"Mi cuerpo se regenera y sana de manera natural, guiado por la energía universal"

"Cuido de mí mismo/a con amor y respeto, sabiendo que mi salud es mi prioridad"

Afirmaciones
Para el bienestar físico

"Mi cuerpo es fuerte, sano y lleno de vitalidad."

"Cada día me siento más saludable y en equilibrio con mi cuerpo."

"Elijo alimentarme y moverme de manera que me proporciona bienestar físico."

"Mi cuerpo tiene la capacidad de sanar y regenerarse con facilidad."

"*Confío en el poder natural de mi cuerpo para recuperar su equilibrio y bienestar.*"

Afirmaciones para atraer energía y vitalidad

"Estoy lleno/a de energía positiva y vitalidad cada día."

"Atraigo energía vibrante que nutre mi cuerpo y me impulsa hacia adelante."

"Cada respiración que tomo llena mi cuerpo de fuerza, energía y entusiasmo."

"Me despierto cada día con una sensación de energía renovada y propósito claro."

"Mi cuerpo está lleno de vida, y cada célula vibra con energía positiva."

Manifestar Éxito Profesional

"Estoy en el camino hacia el éxito profesional y cada día doy pasos firmes hacia mis metas."

"Atraigo oportunidades laborales que me permiten crecer y prosperar.."

"Estoy en el camino hacia el éxito profesional y cada día doy pasos firmes hacia mis metas."

"El éxito y la abundancia en mi carrera son una parte natural de mi vida."

"Me rodeo de personas que me inspiran y apoyan mi éxito profesional."

Afirmaciones para avanzar en tu carrera

"Estoy comprometido/a con mi crecimiento profesional y avanzo con confianza hacia mis metas."

"Mis habilidades y conocimientos aumentan constantemente, lo que me permite destacar en mi carrera."

"Atraigo oportunidades laborales que me permiten crecer, prosperar y alcanzar mi máximo potencial."

"Me esfuerzo por mejorar continuamente y mi dedicación es recompensada con avances en mi carrera."

"Estoy en el camino correcto hacia el éxito y el reconocimiento."

Afirmaciones para atraer nuevas oportunidades laborales

"El universo me guía hacia el trabajo perfecto para mí."

"Estoy preparado/a para recibir y aprovechar cada nueva posibilidad."

"Confío en que el trabajo ideal me encontrará en el momento perfecto."

"Estoy listo/a para comenzar un nuevo capítulo lleno de éxito y satisfacción profesional."

"Las oportunidades laborales llegan a mí con facilidad y fluidez."

Afirmaciones para Manifestar Paz y Equilibrio Interior

"La paz interior fluye dentro de mí y me envuelve en cada momento."

"Libero cualquier preocupación y permito que la calma reine en mi interior."

"Cada respiración me llena de paz, y cada exhalación libera cualquier tensión."

"Confío en el proceso de la vida y mantengo el equilibrio en todas las áreas de mi ser."

"Mi serenidad es inquebrantable, pase lo que pase a mi alrededor."

Afirmaciones para la paz mental y emocional

"Mi mente está en calma, libre de preocupaciones y tensiones."

"Libero las emociones negativas y abrazo la serenidad en mi vida."

"*Confío en que todo sucede en el momento perfecto para mi bienestar.*"

"*Estoy en control de mis emociones y las manejo con amor y comprensión.*"

"Permito que la calma guíe mis decisiones y mis acciones."

Afirmaciones para liberarte del estrés y la ansiedad

"Soy capaz de manejar cualquier situación con calma y claridad."

"Mi mente y cuerpo están en paz, libres de tensión."

"La paz interior me guía en cada paso que doy."

"Libero las preocupaciones del futuro y me concentro en disfrutar el momento presente."

"Confío en que todo se resolverá de la mejor manera posible, y me libero de la ansiedad."

Afirmaciones para Manifestar Sueños y Metas

"Estoy en el camino correcto para cumplir mis sueños."

"Merezco el éxito y trabajo con pasión para alcanzarlo."

"Atraigo oportunidades que me acercan a mis metas."

"Mis pensamientos y acciones están alineados con mis deseos."

"*Me siento agradecido por todo lo que estoy manifestando en mi vida.*"

AFIRMACIONES PARA MANIFESTAR TUS SUEÑOS MÁS GRANDES

"Mis sueños más grandes son posibles y estoy destinado a lograrlos."

"El universo me guía y apoya en la realización de mis mayores deseos."

"Tengo la capacidad y la fuerza para hacer realidad mis sueños más grandes."

"Cada paso que doy me acerca a la vida que siempre he deseado."

"Estoy abierto a recibir todo el éxito, abundancia y felicidad que merezco."

YO SOY

El concepto de **"YO SOY"** en el ámbito de las afirmaciones es extremadamente poderoso porque representa la conexión directa con la identidad y el poder creativo del ser. Cuando utilizas "YO SOY" en afirmaciones, estás declarando tu verdad en el momento presente, lo que significa que te identificas plenamente con aquello que afirmas, atrayendo esa realidad hacia ti. Es una declaración de existencia que une tu ser interior con el resultado que deseas manifestar.

El uso de **"YO SOY"** proviene de enseñanzas espirituales y metafísicas que enfatizan que lo que afirmas después de estas palabras tiene el poder de materializarse en tu vida, ya que estás invocando tu poder creador. Al decir "YO SOY", estás afirmando tu conexión con la energía universal y asumiendo que lo que afirmas ya es parte de ti, incluso si aún no lo ves físicamente. Esta afirmación no solo define quién eres, sino también lo que eliges ser, tener y experimentar en tu vida.

Por ejemplo, si afirmas **"YO SOY abundante"**, te estás alineando con la energía de la abundancia, programando tu mente y tu vibración para atraer oportunidades, recursos y situaciones que reflejen esa abundancia. Es una forma de declarar que ya tienes, o que ya eres, aquello que deseas manifestar, en lugar de enfocarte en lo que te falta.

Este enfoque está basado en la idea de que lo que crees y afirmas como tuyo se manifestará en tu realidad. El "YO SOY" activa tu mente subconsciente y sintoniza tus pensamientos, emociones y acciones con el resultado que buscas. De esta manera, las afirmaciones "YO SOY" son una herramienta fundamental en la práctica de la manifestación.

Algunos ejemplos de afirmaciones "**YO SOY**" son:

"YO SOY amor incondicional."

"YO SOY éxito en todo lo que hago."

"YO SOY salud perfecta y bienestar."

"YO SOY paz y serenidad en cada momento."

"YO SOY merecedor de todas las bendiciones del universo."

AFIRMACIONES YO SOY

"YO SOY digno de todo lo bueno que la vida tiene para ofrecerme.."

"YO SOY digno de todo lo bueno que la vida tiene para ofrecerme."

"YO SOY prosperidad ilimitada, todo lo que necesito fluye hacia mí con facilidad."

"YO SOY salud perfecta y energía vibrante."

"YO SOY éxito en cada área de mi vida."

"YO SOY el creador de mi realidad y atraigo lo que deseo."

"*YO SOY merecedor de vivir la vida de mis sueños.*"

"YO SOY armonía y equilibrio en mi mente, cuerpo y espíritu."

"YO SOY gratitud y siempre agradezco por todo lo que tengo."

"YO SOY un imán para las oportunidades y el éxito."

"YO SOY serenidad, mi mente está en paz en todo momento."

"YO SOY merecedor de amor y lo recibo en abundancia."

"YO SOY confianza en mí mismo, me acepto y me amo plenamente."

"YO SOY transformación positiva, crezco y evoluciono cada día."

"YO SOY sabiduría, mis decisiones siempre me llevan al bien más elevado."

"YO SOY pleno, completo y suficiente tal como soy.."

Afirmaciones para manifestar salud

"Mi cuerpo está en perfecta armonía con la energía del bienestar. Cada célula de mi cuerpo vibra con vitalidad, salud y fuerza. Agradezco a mi cuerpo por su increíble capacidad de sanar, regenerarse y mantenerse en equilibrio, y confío plenamente en su sabiduría para mantenerme en un estado óptimo de salud."

"Estoy rodeado de energía positiva y saludable que nutre mi cuerpo, mi mente y mi espíritu. Mi sistema inmunológico es fuerte, resistente y me protege de cualquier desequilibrio. Elijo pensamientos que promueven mi bienestar y libero todo lo que no me sirve. Estoy en sintonía con el flujo natural de la salud."

"Cada día, mi cuerpo se siente más fuerte, más sano y más lleno de energía. Estoy agradecido por la perfecta función de todos mis órganos y sistemas. Mis pensamientos son claros y positivos, apoyando mi salud mental, emocional y física. Cada acción que tomo me acerca a un estado de bienestar total."

"Soy un imán para la salud perfecta. Mi cuerpo responde a mi amor y cuidado con vitalidad, energía y equilibrio. Acepto y agradezco el proceso de curación natural en mi vida, y cada día me siento más saludable y pleno. Mi mente está en paz, y mi cuerpo refleja esa paz con salud radiante."

"Estoy profundamente conectado con mi cuerpo y lo escucho con amor y respeto. Mi bienestar es mi prioridad, y tomo decisiones alineadas con mi salud física, emocional y mental. Me libero del estrés, las preocupaciones y los miedos, y permito que la energía curativa fluya libremente a través de mí, restaurando y renovando mi cuerpo cada día."

"Atraigo salud y bienestar a todos los aspectos de mi vida. Mi cuerpo se siente increíblemente fuerte y rejuvenecido, y mi mente está en paz. Agradezco cada respiración que me llena de energía positiva y vitalidad. Estoy rodeado de personas y ambientes que apoyan mi camino hacia la salud perfecta."

"Confío en la inteligencia natural de mi cuerpo para mantenerme en un estado óptimo de salud. Agradezco cada parte de mi cuerpo por su increíble capacidad de sanar, nutrir y sostenerme. Mi mente y mis emociones están alineadas con mi bienestar, y todas las áreas de mi vida reflejan equilibrio y armonía."

Afirmaciones para manifestar la casa de tus sueños

"Estoy profundamente agradecido por la hermosa casa que ahora es mía, una casa que cumple con todas mis expectativas y necesidades. Cada rincón de mi hogar refleja paz, seguridad y abundancia, brindándome el espacio perfecto para crecer y prosperar junto a mi familia."

"Visualizo claramente mi casa ideal, con cada detalle que siempre soñé. Me veo viviendo en ella, disfrutando de cada espacio, sintiendo la calidez y la armonía que llena cada habitación. Sé que el universo ya está trabajando a mi favor para materializar este sueño en el momento perfecto."

"Estoy atrayendo con facilidad y gracia la casa perfecta para mí. Una casa llena de luz, donde reina el amor, la alegría y la prosperidad. Cada día que pasa me acerco más a mi hogar soñado, y confío plenamente en el proceso divino que está trayendo esta manifestación a mi vida."

"El universo conspira a mi favor para que la casa de mis sueños llegue a mí. Esta casa está ubicada en el lugar perfecto, es espaciosa, cómoda, y cada detalle me hace sentir en paz. Me siento digno de recibirla y sé que todo está alineado para que muy pronto la esté disfrutando."

"Vivo en una hermosa casa que me brinda estabilidad, comodidad y felicidad. Aprecio cada rincón de mi hogar, donde me siento completamente en paz. Esta casa es una manifestación clara de mi intención de vivir en un espacio lleno de amor y bienestar."

Afirmaciones para manifestar los viajes de tus sueños

"Estoy profundamente agradecido por las increíbles oportunidades de viaje que el universo me brinda. Me veo explorando hermosos destinos alrededor del mundo, experimentando culturas nuevas, y creando recuerdos inolvidables. Cada viaje que emprendo me llena de aprendizaje, alegría y expansión personal."

"Los viajes llegan a mi vida de manera fácil y fluida. Cada destino que deseo visitar se materializa con total armonía, desde la planificación hasta la experiencia misma. Disfruto de aventuras llenas de alegría, abundancia y seguridad, sabiendo que el universo respalda todos mis deseos de explorar el mundo."

"Visualizo claramente mis próximos viajes, sintiendo la emoción de cada nueva aventura. Me veo caminando por paisajes exóticos, conociendo personas interesantes y sumergiéndome en culturas fascinantes. Agradezco las infinitas posibilidades que me permiten viajar, disfrutar y expandir mis horizontes."

"El universo me abre puertas para viajar y explorar el mundo. Cada viaje está lleno de momentos mágicos, experiencias enriquecedoras y encuentros inolvidables. Me siento seguro, feliz y emocionado por cada aventura que vivo, sabiendo que estoy siempre en el lugar y el momento perfectos."

"Cada día me acerco más a los viajes que he soñado. Sé que tengo la libertad, los recursos y la energía para explorar los destinos que deseo. Me visualizo en esos lugares, experimentando paz, alegría y gratitud por todo lo que descubro. Los viajes son una parte natural y maravillosa de mi vida."

Afirmaciones para manifestar amor en nuestra vida

"Estoy profundamente agradecido por el amor que fluye en mi vida. Atraigo a una pareja amorosa, comprensiva y dedicada, con quien comparto una conexión profunda y auténtica. Nuestro amor está basado en respeto mutuo, confianza, y crecimiento, y juntos construimos una vida llena de alegría, apoyo y abundancia emocional."

"El amor verdadero ya está presente en mi vida. Estoy abierto y receptivo a recibir a mi pareja ideal, una persona que me ama y me valora por quien soy. Juntos, creamos una relación equilibrada y armoniosa, donde ambos nos sentimos libres de ser auténticos y apoyarnos mutuamente en nuestros sueños y aspiraciones."

"Visualizo una relación amorosa llena de paz, comprensión y pasión. Mi pareja y yo estamos conectados a nivel mental, emocional y espiritual, compartiendo una vida de felicidad y compañerismo. Me siento amado, respetado y valorado, y sé que esta relación se manifiesta fácilmente y en el momento perfecto."

"Estoy alineado con la energía del amor, y por ello atraigo a una pareja que comparte mis valores y metas de vida. Nuestra relación está llena de amor incondicional, crecimiento mutuo y alegría constante. Juntos, construimos una vida plena, donde la comunicación, el respeto y la confianza son los pilares que nos unen."

"El amor fluye hacia mí de manera natural y sin esfuerzo. Mi corazón está abierto a recibir el amor verdadero y compartirlo con una persona que me complementa. Agradezco cada momento que paso con mi pareja ideal, y juntos creamos una vida llena de aventuras, conexión profunda y felicidad duradera."

PALABRAS DE GRATITUD AL UNIVERSO

"Gracias, universo, por las bendiciones que fluyen en mi vida cada día."

"Agradezco profundamente por todas las oportunidades que se me presentan."

"Estoy agradecido por la abundancia que me rodea y por cada pequeño detalle."

"Gracias por el amor y el apoyo que recibo de las personas a mi alrededor."

"Agradezco cada experiencia, ya sea buena o mala, porque me enseñan y me hacen crecer."

"Gracias, universo, por guiarme en mi camino y mostrarme el camino correcto."

"Estoy lleno de gratitud por la salud y el bienestar que disfruto en este momento."

"Gracias por los momentos de alegría y por las lecciones que me ayudan a ser una mejor persona."

AFIRMA Y RECORTA

Ideas creativas sobre cómo usar las afirmaciones recortables

Espejo de afirmaciones: Pega afirmaciones positivas en tu espejo para que las veas cada mañana y noche mientras te preparas. Esto te ayudará a comenzar y terminar el día con una mentalidad positiva.

Recordatorios en tu hogar: Coloca afirmaciones en lugares estratégicos de tu casa, como en la nevera, en el escritorio o en la mesita de noche. Esto te ayudará a mantener tus intenciones presentes en tu mente subconsciente.

Afirmaciones en movimiento: Lleva tus afirmaciones contigo. Pégalas en tu teléfono, en tu billetera o en un cuaderno pequeño que puedas llevar en tu bolso. Meditación con afirmaciones: Elige una afirmación y repítela en silencio

Regalos de afirmaciones: Crea pequeños obsequios con afirmaciones para tus amigos y familiares. Puedes hacer llaveros, separadores de libros o tarjetas con afirmaciones inspiradoras.

Intercambio de afirmaciones: Intercambia afirmaciones con amigos. Escribe o recorta afirmaciones y compártelas con alguien que creas que las necesita.

AFIRMACIONES PARA EL ÉXITO

- Estoy preparado para recibir el éxito en todas las áreas de mi vida.

- Cada día avanzo con confianza hacia mis metas y sueños.

- Mis acciones están alineadas con mis deseos de éxito.

- El éxito fluye naturalmente hacia mí.

- Soy digno de todo el éxito que deseo y más.

- Atraigo oportunidades que me acercan a mis objetivos.

- Mi mente está enfocada en el éxito y la abundancia.

- Supero cualquier obstáculo con determinación y confianza.

- Mi trabajo y esfuerzo siempre me llevan a la victoria.

- El éxito es mi destino, y lo recibo con gratitud.

AFIRMACIONES PARA LA RIQUEZA

El dinero fluye hacia mí con facilidad y abundancia.	Estoy abierto a recibir riqueza de múltiples fuentes.
Soy un imán para la prosperidad y la abundancia.	Merezco vivir una vida llena de riqueza y bienestar.
Mis ingresos aumentan constantemente y sin esfuerzo.	Cada día tomo decisiones que me acercan a la riqueza.
El universo me proporciona todo lo que necesito para ser próspero.	Mis pensamientos y acciones crean abundancia en mi vida.
Atraigo oportunidades financieras que me permiten crecer y prosperar.	Vivo en un estado de abundancia y siempre tengo más de lo que necesito.

AFIRMACIONES PARA EL DINERO

- El dinero llega a mí en cantidades crecientes y de manera continua.

- Tengo una relación saludable y positiva con el dinero.

- Merezco recibir abundancia financiera en mi vida.

- El dinero es una herramienta que me permite vivir la vida de mis sueños.

- Atraigo dinero fácilmente porque estoy abierto a recibirlo.

- Cada día, mi capacidad para atraer y manejar dinero crece.

- El dinero me llega de fuentes esperadas e inesperadas.

- Tengo el poder de crear riqueza en mi vida.

- Mi mente está enfocada en oportunidades que generan ingresos.

- El dinero siempre está disponible para mí cuando lo necesito.

AFIRMACIONES PARA EL AMOR

Soy digno de amor y lo recibo en abundancia.

El amor fluye libremente hacia mí y desde mí.

Atraigo relaciones amorosas, sanas y llenas de respeto.

Mi corazón está abierto para dar y recibir amor.

El amor llega a mí de formas inesperadas y maravillosas.

Merezco un amor verdadero y profundo.

Mi vida está llena de amor, alegría y armonía.

Amo y acepto a los demás tal como son.

El amor está presente en todas las áreas de mi vida.

Mi relación conmigo mismo es la base de todo el amor que doy y recibo.

AFIRMACIONES PARA RELACIONES

- Cultivo relaciones saludables, amorosas y armoniosas.

- Atraigo personas que aportan felicidad y equilibrio a mi vida.

- Mis relaciones están basadas en el respeto, la confianza y el amor.

- Me comunico con claridad y empatía en todas mis relaciones.

- Merezco rodearme de personas que me valoran y apoyan.

- Disfruto de relaciones llenas de alegría, comprensión y crecimiento.

- Aporto lo mejor de mí mismo a cada relación.

- Mis relaciones están llenas de amor, honestidad y compasión.

- Soy un imán para conexiones significativas y auténticas.

- Las personas correctas entran en mi vida en el momento perfecto.

AFIRMACIONES PARA LA CONFIANZA

- Confío plenamente en mis habilidades y mi potencial.
- Cada día me siento más seguro de mí mismo y de mis decisiones.
- Soy digno de éxito y lo alcanzo con confianza.
- Mi confianza en mí mismo crece con cada paso que doy.
- Afronto los desafíos con coraje y determinación.
- Me siento seguro al expresar mis pensamientos y emociones.
- Estoy en control de mi vida y de mis acciones.
- Confío en mi capacidad para superar cualquier obstáculo.
- Me acepto completamente tal como soy y me siento orgulloso de ello.
- Soy una persona confiada, capaz y merecedora de todo lo bueno en la vida.

AFIRMACIONES PARA AUTOESTIMA

- Me amo y me acepto tal como soy.

- Soy suficiente y merezco todo lo bueno en mi vida.

- Confío en mi valor y en mi capacidad para lograr mis sueños.

- Me respeto a mí mismo y establezco límites saludables.

- Cada día crezco en amor propio y autoconfianza.

- Valoro mi singularidad y la aporto al mundo con orgullo.

- Mi autoestima no depende de la opinión de los demás, sino de mi amor propio.

- Soy digno de respeto, amor y aprecio.

- Me trato con amabilidad, paciencia y comprensión.

- Reconozco y celebro mis logros, por pequeños que sean.

AFIRMACIONES PARA SUPERAR LA ANSIEDAD

- Estoy en paz en el presente y confío en el proceso de la vida.

- Respiro profundamente y libero toda la tensión de mi cuerpo.

- Tengo el control sobre mis pensamientos y elijo la calma.

- Puedo manejar cualquier cosa que se presente con tranquilidad.

- Cada día me siento más relajado y en control de mis emociones.

- Confío en que todo saldrá bien y me permito soltar el miedo.

- Elijo centrarme en lo que puedo controlar y dejo ir lo demás.

- Soy capaz de encontrar soluciones a los desafíos que enfrento.

- Acepto mis emociones y las manejo con compasión hacia mí mismo.

- Mi mente está en calma y mi cuerpo está relajado.

AFIRMACIONES PARA LA DEPRESIÓN

- Cada día encuentro nuevas razones para sentirme agradecido.

- Tengo la fortaleza para superar cualquier desafío emocional.

- Elijo pensamientos que me traen paz y bienestar.

- Soy más fuerte de lo que creo y puedo superar esta etapa.

- Mi vida tiene propósito y significado, y avanzo con esperanza.

- Permito que la luz entre en mi vida y me guíe hacia la sanación.

- Me cuido con amor, paciencia y compasión.

- Soy digno de felicidad y paz interior, y trabajo por ellas cada día.

- Este sentimiento es temporal, y el bienestar volverá a mi vida.

- Confío en mi capacidad para sanar y encontrar alegría nuevamente.

AFIRMACIONES PARA LA SALUD

- Mi cuerpo está lleno de energía, vitalidad y salud.

- Cada célula de mi cuerpo trabaja en armonía para mantenerme sano.

- Me cuido a mí mismo física, mental y emocionalmente.

- Merezco estar sano y lleno de bienestar.

- Mi cuerpo tiene la capacidad de sanar y regenerarse.

- Agradezco la salud que tengo y la cuido con amor.

- Mi mente y cuerpo están en equilibrio perfecto.

- Tomo decisiones saludables que apoyan mi bienestar.

- Cada día me siento más fuerte y lleno de energía positiva.

- Estoy conectado con mi cuerpo y escucho sus necesidades con compasión.

AFIRMACIONES PARA DORMIR

- Me permito relajarme y soltar las tensiones del día.
- Mi cama es un refugio de paz y descanso.
- Cada respiración me lleva más cerca de un sueño profundo y reparador.
- Merezco un descanso completo y rejuvenecedor.
- Dejo ir cualquier pensamiento que me impida dormir.
- Mis sueños son una fuente de inspiración y calma.
- Me entrego al sueño y confío en que me revitalizará.
- La tranquilidad me rodea mientras me preparo para descansar.
- Mi cuerpo y mente están listos para el sueño y la recuperación.
- Despertaré sintiéndome renovado y lleno de energía.

AFIRMACIONES PARA BAJAR DE PESO

- Elijo alimentos saludables que nutren mi cuerpo y mente.

- Cada día me acerco a mi peso ideal de manera saludable y sostenible.

- Disfruto de la actividad física y me siento más fuerte cada día.

- Mi cuerpo es un reflejo de mis decisiones saludables y amorosas.

- Merezco cuidar de mi salud y bienestar.

- Agradezco y celebro cada pequeño logro en mi viaje hacia el bienestar.

- Mi motivación y determinación crecen cada día.

- Siento la energía y vitalidad que me brinda un peso saludable.

- Soy consciente de mis elecciones y me siento bien al tomar decisiones saludables.

- Confío en mi capacidad para lograr y mantener un peso saludable.

AFIRMACIONES PARA SANACIÓN

- Mi cuerpo tiene la capacidad de sanar y regenerarse.

- Acepto el proceso de sanación y confío en mi viaje.

- Estoy en paz con mi pasado y me permito sanar.

- Cada día me siento más fuerte y en equilibrio.

- Me rodeo de amor y apoyo mientras me recupero.

- Mis pensamientos son positivos y contribuyen a mi sanación.

- Soy amable y compasivo conmigo mismo durante este proceso.

- La sanación es un viaje y cada paso cuenta.

- Atraigo energía positiva que apoya mi bienestar.

- Merezco salud, felicidad y plenitud en mi vida.

AFIRMACIONES POSITIVAS

Elijo enfocarme en lo positivo en cada situación.	Soy capaz de encontrar oportunidades en los desafíos.
Atraigo energía positiva a mi vida todos los días.	Mis pensamientos son poderosos y crean mi realidad.
Cada día es una nueva oportunidad para ser feliz.	Confío en que todo sucede para mi bienestar y crecimiento.
Me rodeo de personas y situaciones que me inspiran.	Agradezco lo que tengo y espero lo mejor para el futuro.
Soy resiliente y me recupero rápidamente de las adversidades.	Vivo en un estado de gratitud y alegría.

AFIRMACIONES PARA LA ABUNDANCIA

- Estoy abierto a recibir abundancia en todas sus formas.

- La abundancia fluye hacia mí de manera constante y sin esfuerzo.

- Merezco vivir una vida llena de abundancia y prosperidad.

- Atraigo oportunidades que me permiten crecer y prosperar.

- Mi mente está en sintonía con la energía de la abundancia.

- Cada día, mi vida se llena de más abundancia y felicidad.

- La riqueza y la prosperidad son mi derecho de nacimiento.

- Mis pensamientos positivos atraen más abundancia a mi vida.

- Soy un imán para la abundancia y la prosperidad.

- Disfruto de la abundancia que me rodea y agradezco cada día.

AFIRMACIONES PARA LA FELICIDAD

Elijo ser feliz y apreciar cada momento.	La felicidad es mi estado natural y lo reconozco en mí.
Disfruto de las pequeñas cosas que me traen alegría.	Soy responsable de mi propia felicidad y la cultivo diariamente.
Atraigo amor, alegría y positividad a mi vida.	Merezco ser feliz y experimentar alegría en mi vida.
Cada día me acerco más a la vida que deseo vivir.	Mi felicidad no depende de circunstancias externas, sino de mi interior.
Agradezco todo lo que tengo y lo que soy, y eso me llena de felicidad.	Me rodeo de personas que me inspiran y me hacen feliz.

AFIRMACIONES ESPIRITUALES

Estoy en sintonía con mi ser interior y mi propósito en la vida.

Confío en el proceso de la vida y en la guía del universo.

Me permito experimentar la paz y la calma en mi interior.

Mi espíritu está lleno de amor, luz y compasión.

Atraigo experiencias y personas que elevan mi espíritu.

Estoy abierto a aprender y crecer en mi camino espiritual.

Cada día me acerco más a mi esencia espiritual.

Me conecto con la energía del universo y la sabiduría que me rodea.

Encuentro la divinidad en mí y en todo lo que me rodea.

Mi vida está llena de significado y propósito espiritual.

AFIRMACIONES PARA VIAJAR

- Estoy abierto a nuevas aventuras y experiencias enriquecedoras.

- Cada viaje que realizo me llena de aprendizaje y crecimiento personal.

- El mundo está lleno de lugares hermosos que estoy listo para explorar.

- Atraigo oportunidades de viajar que se alinean con mis sueños.

- Merezco disfrutar de la libertad y la alegría de viajar.

- Cada destino me ofrece la posibilidad de descubrir algo nuevo sobre mí mismo.

- Mis viajes son seguros, emocionantes y llenos de alegría.

- Estoy agradecido por cada experiencia que el viaje me brinda.

- Disfruto de la conexión con otras culturas y personas en mis viajes.

- Viajar me enriquece y me permite expandir mi perspectiva del mundo.

AFIRMACIONES PARA SANAR CUALQUIER ENFERMEDAD

- Mi cuerpo tiene la capacidad innata de sanarse y regenerarse.

- Estoy en el camino hacia la salud y el bienestar total.

- Acepto y abrazo mi proceso de sanación con amor y paciencia.

- Mis pensamientos positivos contribuyen a mi bienestar físico y emocional.

- Estoy rodeado de amor y apoyo mientras me recupero.

- Elijo alimentos y hábitos que nutren y fortalecen mi cuerpo.

- Cada día me siento más fuerte y en equilibrio.

- Merezco una vida plena y saludable, libre de enfermedades.

- Confío en mi capacidad para sanar y restaurar mi salud.

- La gratitud y el amor son parte de mi proceso de sanación.

AFIRMACIONES PARA ATRAER UN CARRO

- Estoy abierto a recibir el carro de mis sueños con gratitud.

- Merezco tener un carro que se alinee con mis deseos y necesidades.

- Cada día me acerco más a poseer el carro que deseo.

- Mi carro es una extensión de mi estilo de vida y me brinda libertad.

- Atraigo oportunidades que me permiten adquirir mi carro ideal.

- Confío en mi capacidad para tomar decisiones financieras inteligentes.

- El universo está conspirando a mi favor para que tenga el carro que quiero.

- Agradezco el viaje y las experiencias que me conducen a mi nuevo carro.

- Visualizo mi nuevo carro y siento la emoción de tenerlo.

- Soy digno de recibir todo lo bueno que la vida tiene para ofrecerme, incluido mi carro.

AFIRMACIONES PARA EL TRABAJO DE TUS SUEÑOS

- Estoy abierto a nuevas oportunidades laborales que se alinean con mis pasiones.

- Confío en mi capacidad para superar cualquier desafío en mi camino profesional.

- Merezco un trabajo que me inspire y me haga feliz.

- Visualizo mi trabajo ideal y siento la emoción de lograrlo.

- Cada día, me acerco más a encontrar el trabajo de mis sueños.

- Estoy agradecido por cada paso que doy hacia el trabajo que deseo.

- Atraigo experiencias y conexiones que me llevan a mi carrera ideal.

- Soy digno de un ambiente laboral positivo y gratificante.

- Mis habilidades y talentos son valiosos y se aprecian en el mundo laboral.

- El universo está conspirando a mi favor para que obtenga el trabajo que siempre he querido.

CONCLUSIÓN

Al llegar al final de este viaje a través de "1000 Afirmaciones para Manifestar", es esencial recordar que el verdadero poder de la manifestación reside en ti. A lo largo de este libro, hemos explorado cómo las palabras que elegimos y la intención detrás de ellas pueden moldear nuestra realidad y abrir puertas a nuevas posibilidades.

Las afirmaciones son más que simples frases; son herramientas poderosas que, cuando se utilizan de manera consciente y repetitiva, tienen la capacidad de reprogramar nuestra mente, elevar nuestra vibración y atraer lo que deseamos. Al integrar estas afirmaciones en tu vida diaria, estás dando un paso firme hacia la creación de una existencia plena, abundante y significativa.

Recuerda que la manifestación es un proceso continuo que requiere paciencia, fe y persistencia. Mantente enfocado en tus objetivos, celebra cada pequeño logro y sigue cultivando una mentalidad positiva. Permítete soñar en grande y no dudes en adaptar y personalizar estas afirmaciones para que resuenen profundamente contigo.

Confía en el universo y en tu capacidad para atraer lo que deseas. Al hacerlo, estarás en sintonía con la energía de la abundancia y la gratitud. Permite que estas afirmaciones se conviertan en parte integral de tu vida, y observa cómo el universo responde a tu llamado.

Gracias por permitir que estas afirmaciones te acompañen en tu camino hacia la manifestación. Que este libro sirva como un recordatorio constante de que tus pensamientos y palabras tienen un poder inmenso, y que eres el creador de tu propia realidad. ¡Manifiesta con amor, fe y gratitud!

www.ingramcontent.com/pod-product-compliance
Lightning Source LLC
Chambersburg PA
CBHW022110090426
42743CB00008B/789